ESL Numbers 1 to 50 For ESL Students

A Counting, Spelling and Safety Book

Created by M Larson

M Larson's other books:

Count Them! 50 Tractor Troubles
The Day I Lost My Bear in Cypress Hills

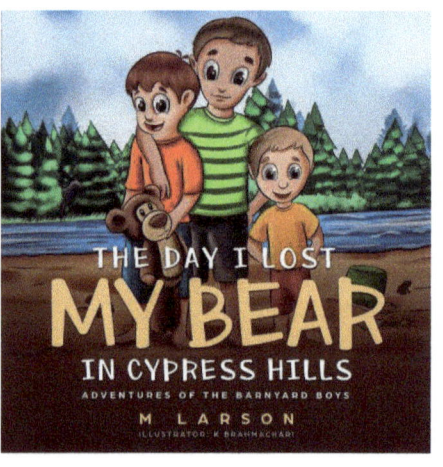

M Larson Books
copyright © M Larson
ISBN: 978-1-7753218-2-8

All rights reserved.
No part of this publication may be reproduced or stored in a retrieval system, or transmitted in any form or by any means, electronic, mechanical, recording, or otherwise, without written permission of the publisher, M Larson Books, Saskatchewan, Canada. In the case of photocopying, a licence must be obtained from Access Copyright (Canadian Copyright Licensing Agency), 56 Wellesley Street West, Suite 320, Toronto, Ontario M5S 2S3 (1-800-893-5777) or visit www.accesscopyright.ca.

One

Two

Three

Four

Five

Six

7 Seven

8 Eight

9

Nine

10

Ten

Eleven

Twelve

13 Thirteen

14 Fourteen

15

Fifteen

16

Sixteen

Seventeen

Eighteen

19 Nineteen

20 Twenty

Twenty one

Twenty two

23

Twenty three

24

Twenty four

25

Twenty five

26

Twenty six

27

Twenty seven

28

Twenty eight

29 Twenty nine

30 Thirty

31 Thirty one

32 Thirty two

33 Thirty three

34 Thirty four

35 Thirty five

36 Thirty six

37 Thirty seven

38 Thirty eight

39 Thirty nine

40 Forty

41 Forty one

42 Forty two

Forty three

Forty four

45 Forty five

46 Forty six

47 Forty seven

48 Forty eight

49 Forty nine

50 Fifty

Photo Credits:
1. https://i.pinimg.com/736x/6f/66/ef/6f66ef6ac41fc0f232bfbe2decb746db.jpg
2. https://www.facebook.com/FarmingGoneWrong/photos/a.185349961665666.1073741828.18533495   8333833/301991130001548/?type=3&theater
3. https://in.pinterest.com/pin/692921092643755188/
4. https://in.pinterest.com/pin/692921092643754897/
5. https://i1.wp.com/www.golddustfarms.com/wp-content/uploads/2013/06/2013-John-Deere-Stuck.jpg
6. https://www.youtube.com/watch?v=u_9HMB6Obnc
7. https://www.facebook.com/FarmingGoneWrong/photos/a.185349961665666.1073741828.185334958333833/375499429317384/?type=3&theater
8. https://in.pinterest.com/pin/692921092643754866/
9. https://in.pinterest.com/pin/692921092643754921/
10. https://in.pinterest.com/pin/692921092643754989/
11. https://www.facebook.com/FarmingGoneWrong/photos/a.185349961665666.1073741828.185334958333833/559886334212025/?type=3&theater
12. https://in.pinterest.com/pin/692921092643755035/
13. https://www.facebook.com/FarmingGoneWrong/photos/a.185349961665666.1073741828.185334958333833/218581368342525/?type=3&theater
14. https://www.pinterest.ca/pin/330873903848914847/
15. http://uberhumor.com/page/1641
16. https://www.facebook.com/FarmingGoneWrong/photos/a.185349961665666.1073741828.185334958333833/615572015310123/?type=3&theater
17. https://in.pinterest.com/pin/692921092643754963/
18. https://in.pinterest.com/pin/148126275224247237/
19. Contributed by K. Zerr 2017
20. https://www.facebook.com/FarmingGoneWrong/photos/a.185494801651182.1073741829.185334958333833/247834835417178/?type=3&theater
21. http://fox2now.com/2018/01/03/in-deep-trouble-illinois-mans-new-truck-stuck-frozen-after-illegal-four-wheeling/
22. https://www.facebook.com/FarmingGoneWrong/photos/a.185494801651182.1073741829.185334958333833/371971039670223/?type=3&theater
23. https://www.facebook.com/FarmingGoneWrong/photos/a.185349961665666.1073741828.185334958333833/220175941516401/?type=3&theater
24. https://i.pinimg.com/736x/ba/d6/f7/bad6f7e0e58b0fbb0cc0f4c809471012.jpg
25. https://www.facebook.com/FarmingGoneWrong/photos/a.185494801651182.1073741829.185334958333833/347394692127858/?type=3&theater
26. https://www.facebook.com/FarmingGoneWrong/photos/a.185349961665666.1073741828.185334958333833/233048106895851/?type=3&theater
27. https://www.facebook.com/photo.php?fbid=1246520012088545&set=pb.100001916735972.-2207520000.1525807214.&type=3&theater
28. https://i.pinimg.com/236x/1a/e6/63/1ae6634a4b2ed230a044fc0eda37bf2e.jpg
29. https://www.pinterest.ca/pin/399061216962071032/
30. http://tractorsfarmmachinery.blogspot.ca/2013/06/john-deere-accident.html
31. Twitter (@gbowey)
32. https://www.facebook.com/FarmingGoneWrong/photos/a.185349961665666.1073741828.185334958333833/211730112360984/?type=3&theater
33. https://www.youtube.com/watch?v=yiHfgcYPrV4
34. https://www.facebook.com/FarmingGoneWrong/photos/a.185349961665666.1073741828.185334958333833/639008696299788/?type=3&theater
35. https://in.pinterest.com/pin/692921092643755178/
36. https://www.pinterest.ca/pin/148126275223428169/
37. https://in.pinterest.com/pin/692921092643754994/
38. https://plus.google.com/u/0/114913029030924336437/posts/TjiqxHzCoNZ?cfem=1
39. https://www.facebook.com/photo.php?fbid=2294750003888283&set=p.2294750003888283&type=3&theater
40. http://i1.ytimg.com/vi/qQfWuoOUWaQ/maxresdefault.jpg
41. https://www.facebook.com/FarmingGoneWrong/photos/a.185494801651182.1073741829.185334958333833/346103922256935/?type=3&theater
42. https://in.pinterest.com/pin/692921092643754733/
43. https://www.facebook.com/FarmingGoneWrong/photos/a.185349961665666.1073741828.185334958333833/593482790852379/?type=3&theater
44. https://www.facebook.com/FarmingGoneWrong/photos/a.185349961665666.1073741828.185334958333833/223970344470294/?type=3&theater
45. https://www.pinterest.ca/pin/574701602419074669/?autologin=true
46. https://www.facebook.com/FarmingGoneWrong/photos/a.185494801651182.1073741829.185334958333833/290700021130659/?type=3&theater
47. https://www.facebook.com/FarmingGoneWrong/photos/a.185349961665666.1073741828.185334958333833/632334720300519/?type=3&theater
48. https://www.agweb.com/article/preventing-an-unwanted-baler-fire--naa-university-news-release/
49. http://www.keywordhungry.com/Y29tYmluZSBhY2NpZGVudHM/
50. https://www.pinterest.ca/pin/459930180678358100/?lp=true

www.ingramcontent.com/pod-product-compliance
Lightning Source LLC
Chambersburg PA
CBHW051306110526
44589CB00025B/2950